cocina**fácil**internacional

Comida
para fiestas

CONTENIDO

RECETAS 6

Clave de símbolos

Las recetas de este libro están acompañadas por símbolos que indican información importante.

 Informa el número de comensales para los que está pensada la receta, o la cantidad.

Indica el tiempo necesario para preparar y cocinar un plato. Junto a este símbolo se indica si es necesario tiempo adicional para operaciones como marinar, reposar, dejar que suba una masa o enfriar. Deberá leer la receta para saber exactamente cuánto tiempo más se necesita.

 Avisa lo que hay que hacer antes de comenzar a cocinar la receta, o partes de la misma que requieran un tiempo prolongado.

 Indica la necesidad de utensilios especiales. Siempre que sea posible, se ofrecen alternativas.

 Introduce información sobre congelación.

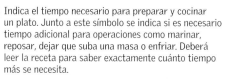

Tzatziki

Esta sencilla salsa griega, acompañada de *crudités*, es un buen aperitivo para una comida informal

INGREDIENTES

1 pepino pelado y rallado

sal

350 g de yogur griego

3 dientes de ajo triturados

2 cdas. de menta o eneldo picado

2 cdas. de aceite de oliva extra virgen

1 cda. de vinagre de vino tinto

PREPARACIÓN

1 Ponga el pepino en un bol, espolvoréelo con sal y déjelo reposar 30 min.

2 Lave el pepino bien para quitarle la sal y escúrralo con las manos.

3 Ponga el pepino en un bol, añada el yogur y revuélvalo. Añada el ajo, las hierbas aromáticas, el aceite de oliva y el vinagre, y déjelo reposar. Tape con plástico adherente y enfríelo hasta el momento de servir.

Para 4

**Prep. 10 min,
más reposo
(30 min)**

Guacamole

Esta popular salsa de origen mexicano es perfecta para una fiesta

INGREDIENTES

3 aguacates grandes y maduros
jugo de $\frac{1}{2}$ limón
$\frac{1}{2}$ cebolla blanca bien troceada
1 tomate maduro sin semillas y picado
1 ají sin semillas y bien troceado
10 ramitas de cilantro picado y algunas más para decorar
sal
2 cdas. de crema agria (opcional)

PREPARACIÓN

1 Prepare los aguacates limpiándolos de piel y hueso. Colóquelos en un bol y aplástelos con un tenedor hasta conseguir una pasta espesa.

2 Añada jugo de limón, seguido de la cebolla, el tomate y el ají. Mezcle bien, agregue cilantro picado, revuelva y añada sal al gusto.

3 Incorpore la crema agria, si lo desea, y luego ponga el guacamole en un bol de servir; adórnelo con cilantro y sírvalo inmediatamente.

Para 6 como
aperitivo o para
12 como aliño

Prep. 25 min

Paté de hígado de pollo

El vino tinto confiere sabor a la pasta y rebaja el alto contenido de grasas del hígado

INGREDIENTES

350 g de hígados de pollo
115 g de mantequilla
¼ de cdta. de tomillo seco y ramitas frescas para decorar
150 ml de vino tinto
10 cebollines y algunos más para decorar
sal y pimienta negra recién molida

PREPARACIÓN

1 Lave bien los hígados de pollo y séquelos con papel de cocina. Recorte posibles nervios o partes verdosas con unas tijeras, y luego córtelos por la mitad.

2 Derrita la mitad de la mantequilla en una sartén grande, a fuego medio hasta que haga espuma. Añada los hígados y fríalos, revolviendo a menudo, durante 4 min o hasta que se doren.

3 Añada el tomillo, el vino y los cebollines a la sartén. Cuando hierva, baje el fuego y revuélvalo de vez en cuando, durante 4 min, hasta que el líquido se reduzca y el hígado esté bien cocinado al cortarlo en rodajas.

4 Retire la sartén del fuego y deje enfriar 10 min. Añada sal y pimienta al gusto. Dé la vuelta al hígado, mézclelo con la salsa y licúelo hasta conseguir una mezcla suave. Si es necesario, vuelva a sazonar. Sirva el paté en un bol, presione con la espátula para que quede compacto, y resérvelo.

5 Derrita la mantequilla restante a fuego medio y vierta encima del paté. Enfríe sin tapar un mínimo de 2 h. Sirva adornado con cebollines y ramitas frescas de tomillo.

Para 4

Prep. 10 min, más enfriado y refrigerado • cocinar 15 min

Enfriado 2 h

Licuadora

El hígado puede congelarse hasta tres meses

Salsa de calabaza asada, ají y jengibre

Esta salsa dulce y picante es estupenda con *crudités* o sobre tostadas, como se muestra aquí

INGREDIENTES

1 kg de calabaza, pelada y en trozos
4 cdas. de aceite de oliva
4 dientes de ajo, machacados con la parte plana de un cuchillo
1 cda. de jengibre fresco rallado o picado
sal y pimienta negra recién molida
1 ají rojo y largo, sin semillas y en rodajas finas
4 ramas de perejil, sólo las hojas (reservar algunas para decorar)
ralladura y jugo de 1 limón
150 ml de yogur griego
1 chorro de aceite de oliva extra virgen (opcional)
1 pizca de páprika
rebanadas de pan de levadura natural tostado, para servir
tocineta a la plancha o jamón, para acompañar

PREPARACIÓN

1 Precaliente el horno a 200 °C (gas 6). Ponga la calabaza en una bandeja de horno junto con el aceite de oliva, el ajo y el jengibre, y revuelva. Salpimiente al gusto. Ásela unos 30 min hasta que esté tierna y dorada. Déjela enfriar.

2 Pase la calabaza fría por la licuadora o el procesador de alimentos con el ají, el perejil (reservando un poco para decorar) y la ralladura y el jugo del limón, sin licuar demasiado. Salpimiente.

3 Disponga el puré de calabaza y el yogur en un bol, y mézclelos bien. Corrija de sal si es necesario y páselo a un bol para servir. Rocíe con un chorrito de aceite de oliva extra virgen (si quiere). Adorne con el perejil reservado y un poco de páprika, y sírvalo sobre las tostadas, con tocineta a la plancha o jamón serrano encima.

Para 8

Prep. 20 min,
más enfriado
• cocinar 30 min

Licuadora
o procesador
de alimentos

Paté de salmón

La textura de este sabroso paté francés debe ser bastante áspera

INGREDIENTES

60 g de mantequilla blanda
250 g de salmón ahumado sin piel
4 cdas. de yogur griego
ralladura y jugo de $\frac{1}{2}$ limón
2 cdas. de cebollín picado
50 g de huevas de salmón
un poco de berro para decorar
limón para decorar

PREPARACIÓN

1 Ponga la mantequilla en un bol y use una cuchara de madera para reblandecerla. Corte el salmón en trozos pequeños, añádalo al bol y haga un puré con un tenedor.

2 Añada el yogur, el jugo y la ralladura de limón y el cebollín, y revuelva hasta que la mezcla sea uniforme.

3 Sirva en una bandeja con las huevas por encima. Decore con ramitas de berro y rodajas de limón para exprimir por encima.

Para 4

Prep. 15 min

**Congelar
hasta un mes**

Baba ganoush

En ninguna mesa de Oriente Medio con aperitivos puede faltar un bol con esta cremosa salsa

INGREDIENTES

aceite para engrasar
900 g de berenjenas cortadas por la mitad a lo largo
2 dientes de ajo grandes triturados
2 cdas. de aceite de oliva extra virgen
2 cdas. de yogur natural
3–4 cdas. de pasta de ajonjolí
2–3 cdas. de jugo de limón
sal y pimienta negra recién molida
una ramita de cilantro para decorar

PREPARACIÓN

1 Precaliente el horno a 220 °C (gas 7) y engrase ligeramente una bandeja. Haga unos cortes en las berenjenas cortadas sin quitar la piel y colóquelas boca abajo sobre la bandeja. Llévelas al horno y áselas durante 25–30 min o hasta que la piel esté blanda y se separe.

2 Traslade las berenjenas cortadas a un colador y déjelas reposar 15 min o hasta que se enfríen lo suficiente.

3 Retire la pulpa de la berenjena y viértala en el procesador de alimentos o la licuadora. Agregue el ajo, el aceite de oliva, el yogur, 3 cdas. de pasta de ajonjolí y 2 de jugo de limón, y bata hasta conseguir una pasta. Compruebe si necesita más pasta de ajonjolí o jugo de limón, y salpimiente al gusto. Espolvoree con cilantro y sírvala. Excelente con pan de pita.

Para 6

Prep. 10 min, más reposo • cocinar 25–30 min

Procesador de alimentos o licuadora

Mousse de aguacate con lima

Esta *mousse* de textura cremosa se puede servir como aperitivo, pero también es ideal para una comida ligera

INGREDIENTES

2 aguacates grandes y maduros
ralladura y jugo de 1 lima
100 g de queso crema bajo en grasa
sal y pimienta negra recién molida
2 cdas. de gelatina en polvo
1 clara de huevo (opcional)

PREPARACIÓN

1 Corte los aguacates por la mitad y retire el hueso. Ponga la pulpa en un bol pequeño, añada el jugo y la ralladura del limón y tritúrelo todo bien.

2 Añada el queso crema, bata y salpimiente al gusto.

3 Ponga 2 cdas. de agua en un bol refractario y espolvoree la gelatina encima. Espere un minuto a que adquiera una textura esponjosa, ponga el bol en una cacerola con agua caliente y revuelva la gelatina hasta que se disuelva.

4 Bata la clara de huevo en un bol grande hasta que esté a punto de nieve. Eso dará una textura ligera a la *mousse*. Rocíe la gelatina disuelta sobre la pasta de aguacate y revuelva hasta que se mezcle bien. Añada la clara de huevo (si la usa) y mezcle suavemente, procurando no eliminar el aire.

5 Vierta la *mousse* en recipientes individuales, bien tapados con plástico adherente, y enfríe 2 h. Puede servirlo, si lo desea, con tostadas.

Para 4

**Prep. 15 min,
más enfriado**

**Enfriado
2 h**

**4 recipientes
individuales
de 100 ml**

Taramasalata

En esta receta se usan tradicionalmente huevas secas y saladas de mújol, llamadas *tarama* en turco

INGREDIENTES

60 g de trozos de pan sin corteza
250 g de huevas de bacalao ahumado
jugo de 1 limón
75 ml de aceite de oliva extra virgen
1 cebolla blanca pequeña, picada y secada con papel de cocina
páprika para espolvorear

PREPARACIÓN

1 Ponga los trozos de pan a remojar en un bol con 3 cdas. de agua fría durante 15 min.

2 Corte las huevas por el centro con un cuchillo afilado y quíteles la piel con cuidado. Póngalas en una licuadora con el jugo de limón y el pan remojado, y bata bien.

3 Sin apagar la licuadora, añada un chorrito de aceite muy despacio hasta que la mezcla tome el aspecto y la textura de una mayonesa suave.

4 Sirva en boles y mezcle la cebolla. Tápelos y enfríelos durante 30 min, y sírvalos espolvoreados con páprika. Esta salsa es ideal acompañada con aceitunas, pan griego o turco y verduras crujientes.

Para 4–6

Prep. 15 min, más enfriado

Licuadora

Hummus

Esta salsa de garbanzos y *tahini* es uno de los platos más conocidos de Oriente Medio

INGREDIENTES

400 g de garbanzos cocidos en conserva
3 cdas. de *tahini* (pasta de ajonjolí)
jugo de 3 limones
3 dientes de ajo triturados
$\frac{1}{2}$ cdta. de sal
páprika para espolvorear

PREPARACIÓN

1 Lave y escurra los garbanzos, reservando 4–6 cdas. de líquido de la lata. Ponga los garbanzos y 3 cdas. del líquido en el procesador de alimentos o la licuadora.

2 Añada *tahini*, jugo de limón y ajo, y bata unos segundos hasta que quede una mezcla cremosa. Puede añadir un poco más de líquido de la lata.

3 Condimente al gusto con sal. Traslade el *hummus* a un bol pequeño, espolvoree con páprika y sirva a temperatura ambiente.

Para 4

Prep. 10 min

Licuadora o procesador de alimentos

Puré de habas

El haba es una antigua variedad de legumbre, y es mejor comerla cuando la vaina es todavía joven y tierna

INGREDIENTES

250 g de habas secas peladas tras haber estado en remojo
3 cebollas blancas
6 dientes de ajo
un poco de cilantro picado más un poco para decorar
un poco de perejil picado más un poco para decorar
2 cdas. de menta picada
1 cdta. de comino molido
sal y pimienta negra recién molida
1–3 cdas. de aceite de oliva
jugo de 1 limón

PREPARACIÓN

1 Escurra las habas y póngalas en una cacerola grande. Cúbralas con agua fría. Corte una cebolla y tres dientes de ajo, añádalos a la cacerola y lleve a ebullición. Quite la espuma del caldo y baje el fuego, luego tape y cocine las habas a fuego lento 1 h o hasta que queden tiernas.

2 Vuelva a escurrirlas y reserve; conserve el líquido de la cocción. Ponga las habas en el procesador de alimentos o la licuadora con el cilantro, el perejil, la menta y el comino. Salpimiente al gusto y licúe hasta conseguir un puré suave, añadiendo todo el líquido de la cocción necesario para asegurar que la mezcla no quede demasiado seca. Trasládela a una bandeja y manténgala tibia.

3 Corte las cebollas restantes. Caliente 1 cda. de aceite en una sartén, añada las cebollas y fríalas 10–15 min, revolviendo a menudo a fuego medio-alto o hasta que estén bien doradas y ligeramente caramelizadas. Finalmente, trocee el ajo restante, añádalo a la sartén y fríalo revolviendo 1 min más.

4 Vierta las cebollas y el ajo fritos encima del puré, y rocíelo con el jugo de limón y el aceite restante.

Para 6–8

Prep. 20 min, más remojo • cocinar 1 h 15 min

Deje las habas en agua fría durante la noche

Licuadora o procesador de alimentos

Confit de pato

Esta especialidad francesa de la región de Gascuña es un tanto laboriosa, pero el resultado merece la pena

INGREDIENTES

8 muslos de pato
175 g de sal marina gruesa
30 g de pimienta blanca
1 cdta. de semillas de cilantro
5 bayas de enebro*
4 dientes de ajo pelados y triturados
1 cda. de hojas de tomillo picadas
1 kg de grasa de pato fundida

PREPARACIÓN

1 Seque los muslos de pato con papel de cocina. En un mortero, machaque la sal marina con los granos de pimienta, las semillas de cilantro, el enebro, el ajo y el tomillo hasta formar una pasta poco uniforme. Unte con ella la piel del pato y póngalo con la piel hacia abajo, sobre una bandeja no metálica. Tape con plástico adherente y deje enfriar 12 h.

2 Precaliente el horno a 140 °C (gas 1). Lave el pato, séquelo y dispóngalo en una bandeja de horno del mismo tamaño, y riegue por encima con la grasa fundida.

3 Hornéelo 1 h 30 min o hasta que esté bien cocido y tierno. Lo estará si es posible hundir un pincho con facilidad en la parte más carnosa.

4 Traslade el *confit* a un recipiente de plástico. Cuele la grasa que recubre el pato, evitando que se mezcle con el jugo que hay en el fondo de la bandeja. Cubra la carne con al menos 2,5 cm de grasa para evitar que la toque el aire. Déjelo enfriar en la grasa, trasládelo a bolsas para congelar y refrigérelo hasta necesitarlo.

5 Cuando quiera servirlo, retire la grasa y fría en una sartén hasta que se caliente.

* Use agrás o sauco como alternativa a las bayas de enebro.

Para 4

Prep. 15 min, más enfriado y curado • cocinar 1 h 30 min

Prepare esta receta un día antes de servirla

Mortero • bolsas para congelar

Congelar hasta seis meses

Brandada de bacalao

Este plato de bacalao cremoso es popular en los países mediterráneos, en particular en el sur de Francia

INGREDIENTES

450 g de bacalao salado
2 dientes de ajo triturados
200 ml de aceite de oliva
100 ml de leche hervida

Para servir

aceite de oliva
pimienta negra recién molida
triángulos de pan fritos en aceite de oliva
2 cdas. de hojas de perejil picadas
aceitunas negras

PREPARACIÓN

1 Deje el bacalao en remojo 24 h en un bol con agua, cambiando el agua 3–4 veces.

2 Escurra el bacalao, póngalo en una sartén honda, cúbralo con agua y hiérvalo a fuego lento durante 10 min. Retire la sartén del fuego y déjelo reposar en el agua otros 10 min antes de escurrirlo.

3 Quite la piel y las espinas del bacalao, desmenúcelo en un bol y tritúrelo hasta hacer una pasta con el ajo.

4 Ponga la pasta de pescado en una sartén a fuego lento. Agregue el aceite de oliva y la leche, poco a poco, hasta conseguir una salsa blanca cremosa, pero firme.

5 Sirva la brandada caliente con un chorro de aceite y una pizca de pimienta negra, acompañada de triángulos de pan frito espolvoreado con perejil y aceitunas negras.

Para 4

Prep. 20 min, más remojo y reposo • cocinar 20 min

Remoje el bacalao 24 h antes como mínimo

Tarrina de carne

De sabor intenso, este paté es sumamente versátil

INGREDIENTES

350 g de lonjas de tocineta sin corteza
250 g de hígados de pollo
300 g de cerdo picado
450 g de ternera picada
1 cebolla blanca bien picada
2 dientes de ajo triturados
1 cdta. de orégano seco
½ cdta. de pimienta molida
115 g de mantequilla derretida
120 ml de jerez seco
sal y pimienta negra recién molida

PREPARACIÓN

1 Precaliente el horno a 180 °C (gas 4). Con el dorso de un cuchillo, estire las lonjas de tocineta y cubra con ellas el fondo de la refractaria, dejando que las puntas cuelguen por fuera de esta.

2 Pique o trocee los hígados de pollo y mézclelos con el cerdo picado, la ternera picada, la cebolla, el ajo, el orégano, la pimienta y la mantequilla derretida. Revuelva, añada el jerez y salpimiente.

3 Vierta la mezcla en la refractaria y doble las puntas hacia arriba. Tápela bien con papel de aluminio o con una tapa, y sumérjala hasta la mitad en una bandeja de horno con agua caliente.

4 Lleve al horno por 1 h 30 min, retire y reemplace el papel de aluminio. Coloque un peso encima y déjela reposar durante 24 h. Luego sáquela y córtela en lonjas.

Para 8

Prep. 30 min, más prensado • cocinar 1 h 30 min

Prensado 24 h

Refractaria para tarrina de 1,2 l

Congelar hasta un mes

Tapenade

Pasta de aceitunas muy sabrosa, popular en el Mediterráneo

INGREDIENTES
2 dientes grandes de ajo
250 g de aceitunas negras sin hueso
1½ cdas. de alcaparras escurridas y lavadas
4 anchoas en aceite de oliva escurridas
1 cdta. de hojas de tomillo
1 cdta. de romero picado
2 cdas. de jugo de limón
2 cdas. de aceite de oliva extra virgen
1 cdta. de mostaza de Dijon
pimienta negra recién molida
12 rebanadas de pan tostado para servir

PREPARACIÓN
1 Mezcle el ajo, las aceitunas, las alcaparras, las anchoas, el tomillo y el romero en un procesador de alimentos hasta conseguir una pasta suave.

2 Añada el jugo de limón, el aceite de oliva, la mostaza y pimienta negra al gusto, y mezcle hasta obtener una pasta espesa. Pásela a un bol y refrigérela hasta el momento de servir.

3 Sírvala en un bol pequeño con rebanadas de pan tostado.

Para 4–6

Prep. 15 min

Procesador de alimentos o licuadora

Salsa de alcachofa y cebolla larga

Receta imprescindible que se prepara en unos minutos

INGREDIENTES

390 g de corazones de alcachofa escurridos
1 diente de ajo cortado por la mitad
3 cebollas largas picadas en trozos grandes
2 cdas. de mayonesa
sal y pimienta negra recién molida

PREPARACIÓN

1 Ponga las alcachofas, el ajo, las cebollas y la mayonesa en una licuadora o un procesador de alimentos y bata hasta conseguir un puré suave.

2 Salpimiente al gusto, pase la salsa a un bol y refrigérela hasta el momento de servir.

Para 6

Prep. 5 min

Procesador
de alimentos
o licuadora

Hojas de parra rellenas

Las *dolmadakia* griegas son hojas de parra rellenas con una mezcla vegetariana de arroz, finas hierbas y tomates

INGREDIENTES

2 cdas. de aceite de oliva
2 cebollas blancas bien picadas
$\frac{1}{2}$ cdta. de pimienta molida
200 g de arroz largo
600 ml de caldo de vegetales
3 tomates pelados y picados
1 cda. de eneldo
1 cda. de menta picada
sal y pimienta negra recién molida
40 hojas de parra*
jugo de 1 limón

PREPARACIÓN

1 Caliente el aceite en una sartén, añada las cebollas y rehóguelas suavemente hasta que se ablanden, pero sin que se doren. Aumente el fuego, añada la pimienta molida y el arroz, revuelva y siga cocinando 2 min.

2 Agregue el caldo de vegetales y cocine el arroz a fuego lento 10 min o hasta que esté blando y haya absorbido el líquido. Retírelo del fuego y añada los tomates, el eneldo y la menta sin dejar de revolver. Salpimiente al gusto.

3 Ponga una hoja de parra con el lado brillante hacia abajo, añada un poco de la mezcla de arroz en el centro, dóblela por los lados y enrolle en forma de cilindro. Repita.

4 Coloque las hojas de parra rellenas en una cacerola, rocíelas con el jugo de un limón y cúbralas con agua. Presione con un plato, resistente al calor, con un peso encima para que no se deshagan, y hiérvalas a fuego lento 30 min, añadiendo agua si es necesario. Escurra las hojas con cuidado y sírvalas frías o calientes.

---

* Use hojas de parra en conserva como alternativa a las hojas de parra frescas.

Para 6

Prep. 20 min
• cocinar 50 min

Blanquee las hojas de parra 5 min; remójelas apartadas en agua caliente y lávelas varias veces para eliminar la salmuera

Plato refractario

Rollitos de primavera con gambas

Estos rollitos deben su nombre a que solían comerse para celebrar
el Año Nuevo chino, que marca el inicio de la primavera

INGREDIENTES

225 g de gambas crudas, peladas y picadas
$\frac{1}{2}$ ají sin semillas picado
115 g de champiñones picados
4 cebollas largas en tiras finas
115 g de brotes de soya
2 cm de jengibre fresco rallado
1 cda. de vinagre de vino de arroz
1 cda. de salsa de soya
aceite vegetal para freír
225 g de pollo picado
1 cda. de harina de maíz
12 láminas de pasta para rollitos
6 hojas de repollo chino cortadas por la mitad
salsa de ají dulce para mojar

PREPARACIÓN

1 En un bol, mezcle las gambas, el ají, los champiñones, las cebollas, los brotes
de soya, el jengibre, el vinagre y la salsa de soya.

2 Caliente 2 cdas. de aceite en una sartén, añada la mezcla con las gambas y fríala, sin dejar
de revolver, 3 min. Reserve hasta que se enfríe y agregue el pollo.

3 En un bol, mezcle la harina de maíz con 4 cdas. de agua fría.

4 Ponga una lámina de pasta sobre una superficie y rellénela con media hoja de repollo y 1 cda.
de la mezcla con gambas. Humedezca las puntas de la lámina con la mezcla de harina de maíz y
enróllela, metiendo los lados hacia dentro y presionando las partes húmedas para que se peguen.
Repita la operación con el resto.

5 Fría los rollitos en aceite caliente hasta que se doren por igual. Escúrralos sobre papel de cocina
y sírvalos enseguida con una salsa de ají dulce para mojar.

12 unidades

Prep. 25 min
• cocinar 15 min

Blinis de salmón ahumado

Los *blinis* son la base de pequeños canapés pensados para comer de un bocado

INGREDIENTES

100 g de harina de trigo sarraceno*
¼ de cdta. de levadura en polvo
¼ de cdta. de sal
1 huevo, yema y clara separadas
100 ml de leche
aceite vegetal
120 ml de crema agria
100 g de salmón ahumado
pimienta negra recién molida
eneldo
1 limón cortado en gajos

PREPARACIÓN

1 Tamice la harina, con la levadura en polvo y la sal en un bol. Haga un hueco en el centro y ponga en él la yema y la mitad de la leche. Bata las yemas y la leche con una cuchara de madera, y mézclelas poco a poco con el resto de la masa.

2 Agregue la leche restante y siga batiendo la mezcla hasta conseguir una masa suave y sin grumos. Bata la clara casi a punto de nieve y añádala despacio a la mezcla.

3 Caliente a fuego medio una sartén con poco aceite. Añada cucharaditas de masa, de una en una y bien separadas entre sí, y fríalas hasta que vea burbujas. Deles la vuelta y siga friendo 2 min o hasta que se doren bien. Saque los *blinis* de la sartén, reserve y fría el resto.

4 Deje enfriar los *blinis* y decórelos con un poco de crema agria, un trozo de salmón ahumado, una pizca de pimienta negra y una ramita de eneldo. Sírvalos en una bandeja, acompañados de gajos de limón para exprimir.

---

* Use harina de trigo común como alternativa a la harina de trigo sarraceno.

20 unidades

**Prep. 20 min,
más enfriado
• cocinar 20 min**

Tortillas de harina con trucha ahumada y queso de cabra

Tortillas de harina rellenas de una deliciosa mezcla de trucha ahumada y queso de cabra

INGREDIENTES

150 g de queso de cabra para untar
15 g de perifollo* o eneldo picado
ralladura de 1 limón
sal y pimienta negra recién molida
2 tortillas de harina grandes
2 pimientos rojos asados, sin piel y en tiras finas
115 g de trucha ahumada cortada en tiras finas

PREPARACIÓN

1 Mezcle el queso de cabra, el perifollo y la ralladura de limón en un bol pequeño. Salpimiente al gusto.

2 Coloque las tortillas en una superficie lisa, y úntelas con el queso. Reparta uniformemente los pimientos rojos y la trucha por encima y enróllelas, bien apretadas. Tápelas y guárdelas en el refrigerador hasta que vaya a servirlas.

3 Antes de servir, tenga las tortillas a temperatura ambiente y córtelas hasta obtener 14 piezas.

---

* Use perejil liso como alternativa al perifollo.

14 unidades

Prep. 15 min

Palitos de pescado a las hierbas

Pescado más sabroso para todos

INGREDIENTES

115 g de pan rallado del día
un puñadito de perejil picado
$1/2$ cdta. de páprika ahumada
sal y pimienta recién molida
85 g de harina
1 huevo grande
225 g de filetes de pescado blanco, rape,
    bacalao o platija, sin piel ni espinas
aceite de oliva para freír
perejil y limón para decorar
salsa tártara para servir

PREPARACIÓN

1 Ponga el pan rallado, el perejil y la páprika ahumada en un bol. Sazone con sal y pimienta, y mézclelo todo bien.

2 Vierta harina en otro bol. En un tercer bol, bata el huevo con una cucharada de agua.

3 Corte el pescado en tiras finas. Enharine las tiras, rebócelas primero en el huevo y luego en el pan rallado, y deles vueltas para que se impregnen bien. Resérvelas en un plato y manténgalas en frío hasta que las necesite.

4 Caliente una sartén con 2,5 cm de aceite de oliva. El aceite debe crepitar al echar el pescado. Fría el pescado 1 min por cada lado o hasta que esté crujiente, y escúrralo en papel de cocina. Adórnelo con perejil y una rodaja de limón, y sírvalo con salsa tártara.

Para 4–6

Prep. 20 min
• cocinar 10–15 min

Empanaditas

Este sabroso tentempié español es un plato muy versátil

INGREDIENTES

450 g de harina y algo más para espolvorear
sal y pimienta recién molida
85 g de mantequilla
2 huevos batidos y 1 más para glasear
1 cda. de aceite de oliva
1 cebolla blanca bien picada
120 g de tomates troceados
2 cdtas. de puré de tomate
140 g de atún al natural, escurrido
2 cdas. de perejil bien picado

PREPARACIÓN

1 Para hacer la masa, cierna la harina con $\frac{1}{2}$ cdta. de sal en un bol grande. Añada la mantequilla y amásela con los dedos hasta darle la consistencia de migas de pan. Añada los huevos batidos con 4–6 cdas. de agua y mézclelos hasta formar una masa. Cubra con plástico adherente y refrigere 30 min.

2 Mientras tanto, rehogue la cebolla en aceite revolviéndola a menudo 5–8 min o hasta que se vuelva transparente. Añada los tomates, el puré de tomate, el atún y el perejil, y salpimiente. Baje el fuego y siga a fuego lento 10–12 min, revolviendo.

3 Precaliente el horno a 190 °C (gas 5). Estire la masa hasta que tenga 3 mm de grosor. Recorte 24 redondeles con un cortapastas. Ponga 1 cdta. de relleno encima de cada uno, moje los bordes con agua, doble por la mitad y cierre las empanaditas con un doblez (con forma de picos u ondas) en el borde.

4 Coloque las empanaditas en una lata de horno engrasada con aceite y pinte con el huevo. Hornéelas 25–30 min o hasta que se doren bien. Sírvalas calientes.

24 unidades

Prep. 45 min, más enfriado • cocinar 40–50 min

Cortapastas redondo de 9 cm

46

Crostini con olivada de aceitunas verdes

Este sencillo plato es un gran aperitivo

INGREDIENTES

2 cdas. de aceite de oliva
1 diente de ajo
100 g de aceitunas verdes sin hueso
ralladura de $1/2$ limón
hojas de albahaca
pimienta negra recién molida
$1/2$ *baguette* cortada en 12 rebanadas tostadas
6 tomates *cherry*, amarillos o rojos, asados para adornar (opcional)
12 hojas de perejil para adornar (opcional)

PREPARACIÓN

1 Bata el aceite, el ajo, las aceitunas, la ralladura de limón y la albahaca en un procesador de alimentos o una licuadora hasta obtener una pasta. Sazone con pimienta negra al gusto.

2 Reparta la pasta en 12 tostadas y adórnelas (si quiere) con medio tomate *cherry* asado y 1 hoja de perejil.

12 unidades

Prep. 10 min

Procesador de alimentos o licuadora

Crostini de salmón ahumado y tocineta

Existen numerosas variaciones de *crostini* y *bruschette*, dos populares tostadas italianas. En esta receta, la crema de leche aporta un toque ligero y refrescante

INGREDIENTES

12 rebanadas de *baguette*
5 cdas. de aceite de oliva
6 lonjas de tocineta
200 g de salmón ahumado
200 ml de crema agria
2 cdas. de mostaza en grano
3 cdas. de alcaparras lavadas, escurridas
   y picadas
1 cdta. de ralladura de limón
1 cdta. de jugo de limón
pimienta negra recién molida
12 tallos de cebollines enteros, cortados
   en trozos de 2,5 cm de largo para decorar

PREPARACIÓN

1 Precaliente el horno a 200 °C (gas 6) y la parrilla al máximo. Unte las rebanadas por ambos lados con aceite de oliva, póngalas en una lata de horno y hornéelas 10 min o hasta que estén crujientes.

2 Cocine la tocineta a la parrilla unos minutos hasta que esté crujiente por ambos lados. Escúrrala sobre papel de cocina.

3 Mientras tanto, corte el salmón ahumado en tiras finas de 2 cm de ancho.

4 Mezcle la crema con la mostaza, las alcaparras y la ralladura y el jugo de un limón. Sazone al gusto con pimienta negra.

5 Ponga las rebanadas de pan en una bandeja, reparta la salsa sobre ellas y agregue las tiras de salmón ahumado, los trozos de tocineta y el cebollín.

12 unidades

Prep. 10 min
• cocinar 15 min

Tostada de anchoas y aceitunas

Una versión de la sencilla *bruschetta* italiana tradicional con ajo y aceite

INGREDIENTES

12 rebanadas de pan italiano, tipo ciabatta,
   de unos 2 cm de grosor
$\frac{1}{2}$ diente de ajo
aceite de oliva extra virgen
3–4 cdas. de salsa de tomate de lata
sal y pimienta negra recién molida
115 g de queso *mozzarella*, escurrido y cortado
   en 12 lonjas finas
1 cdta. de finas hierbas secas
6 aceitunas negras sin hueso picadas
60 g de anchoas en aceite de oliva, escurridas
   y cortadas por la mitad a lo largo.

PREPARACIÓN

1 Precaliente la parrilla a máxima temperatura y coloque la rejilla a 10 cm del fuego.

2 Para preparar la base, tueste las rebanadas de pan hasta que se doren por ambos lados. Frote un lado con un diente de ajo cortado y añada un chorrito de aceite de oliva.

3 Unte cada *bruschetta* con unas 2 cdtas. de salsa de tomate y salpimiente al gusto. Ponga una lonja de *mozzarella* en cada una, espolvoréelas con hierbas y agregue aceitunas cortadas y 2 anchoas cruzadas encima.

4 Haga las tostadas a la parrilla 2–3 min hasta que la *mozzarella* se funda. Sírvalas calientes.

12 unidades

**Prep. 10 min
• cocinar 5 min**

Crostini de vieiras y pesto

Estos delicados canapés también se pueden servir como primer plato

INGREDIENTES

12 rebanadas de pan de ciabatta (pan italiano), de unos 2 cm de grosor
½ diente de ajo
3 cdas. de aceite de oliva
6 vieiras limpias
1 cda. de jugo de limón
sal y pimienta negra recién molida
2 cdas. de pesto
2 cdas. de puré de tomate
12 hojas de albahaca para decorar

PREPARACIÓN

1 Precaliente el horno a temperatura máxima. Tueste las rebanadas de pan por ambos lados. Frote un lado con un diente de ajo cortado y rocíelas con un chorrito de aceite de oliva. Resérvelas.

2 Caliente el aceite sobrante en una sartén grande a fuego medio. Añada las vieiras, agregue jugo de limón y salpimiente al gusto. Fríalas 2 min por cada lado hasta que se cocinen, pero aún estén tiernas. Consérvelas calientes.

3 Unte la mitad de los *crostini* con pesto y la otra mitad con puré de tomate.

4 Corte las vieiras por la mitad, a lo largo, y ponga cada mitad encima de un *crostini*. Muela pimienta negra encima y adórnelos con una hoja de albahaca. Sírvalos inmediatamente.

12 unidades

Prep. 10 min
• cocinar 7 min

Bhajis de cebolla

Estos crujientes buñuelos de vegetal se hacen con *besan*, también llamada harina de garbanzo o *chana*, disponible en tiendas de alimentación indias

INGREDIENTES

225 g de cebolla blanca picada
115 g de *besan* (harina de garbanzo)
2 cdtas. de semillas de comino
½ cdta. de cúrcuma
1 cdta. de cilantro molido
1 ají rojo o verde sin semillas y muy troceado
aceite vegetal para freír

PREPARACIÓN

1 En un bol grande, mezcle la cebolla, la harina de garbanzo, las semillas de comino, la cúrcuma, el cilantro y el ají. Añada suficiente agua fría (unas 8 cdas.) para ligar la mezcla y obtener una masa espesa.

2 Caliente el aceite en una freidora o sartén grande a 190 °C. Fría cada vez 2 cdas. de la masa, del tamaño de una pelota de golf, y deles la vuelta de vez en cuando hasta que se doren.

3 Saque los *bhajis* con una espumadera y escúrralos sobre papel de cocina.

4 Devuelva los *bhajis* a la freidora y vuelva a freírlos otra vez hasta que estén crujientes y dorados por igual.

5 Escúrralos sobre papel de cocina y sírvalos calientes.

Para 4

**Prep. 15 min
• cocinar 15 min**

**Freidora o sartén
grande, llena
de aceite hasta
la mitad**

Tostadas con ajonjolí y gambas

Una sinfonía de sabores que combinan sorprendentemente bien

INGREDIENTES

250 g de gambas crudas, peladas y picadas
2 cebollas largas picadas
1 cm de jengibre fresco, pelado y rallado
1 cdta. de salsa de soya
½ cdta. de azúcar
½ cdta. de aceite de ajonjolí
1 clara de huevo pequeña y ligeramente batida
pimienta negra recién molida
3 rebanadas grandes de pan de molde sin corteza
2 cdas. de semillas de ajonjolí
aceite vegetal para freír
hojas de cilantro para decorar

PREPARACIÓN

1 Mezcle las gambas y la cebolla en el procesador de alimentos hasta obtener una pasta. Vierta la pasta en un bol y añádale, revolviendo, el jengibre, la salsa de soya, el azúcar, el aceite de ajonjolí y bastante clara de huevo para ligar bien la mezcla. Salpimiente.

2 Corte cada rebanada de pan en cuatro triángulos y unte cada uno con la pasta de gambas. Espolvoree uniformemente las semillas de ajonjolí por encima.

3 Caliente el aceite en una freidora o en una sartén grande a 180 °C. Fría las tostadas, en tandas, 2 min y con el lado untado hacia abajo. Deles la vuelta con cuidado y fríalas otros 2 min o hasta que se doren y estén crujientes.

4 Saque las tostadas con una espumadera y escúrralas sobre papel de cocina. Sírvalas calientes, adornadas con cilantro.

Para 4

**Prep. 15 min
• cocinar 15 min**

Procesador de alimentos • sartén grande o freidora, llena de aceite hasta la mitad

Samosas de vegetales

Estas empanadillas indias se sirven frías o calientes. En India se fríen con *ghee*, una mantequilla clarificada que se puede calentar a altas temperaturas, aunque el aceite resulta igualmente bueno

INGREDIENTES

450 g de papas
225 g de coliflor picada en pequeños trozos
175 g de arvejas
3 cdas. de aceite vegetal o *ghee*
2 cebollas chalote en rodajas
2 cdas. de *curry* en pasta o en polvo
2 cdas. de hojas de cilantro picadas
1 cdta. de jugo de limón
sal y pimienta negra recién molida

Para la masa

350 g de harina más un poco para espolvorear
$1/2$ cdta. de sal
6 cdas. de aceite vegetal o *ghee*, más un poco para freír

PREPARACIÓN

1 Para hacer la masa, cierna la harina en un bol con $1/2$ cdta. de sal. Añádale, revolviendo, el aceite o el *ghee* y, poco a poco, 120 ml de agua tibia. Revuélvalo hasta hacer una masa.

2 Ponga la masa sobre una superficie enharinada y amásela hasta dejarla suave. Envuelva con plástico adherente y déjela reposar al menos 30 min.

3 Para hacer el relleno, cocine las papas peladas hasta que estén tiernas. Escúrralas y deje que se enfríen. Luego pélelas y córtelas en trozos pequeños.

4 Blanquee la coliflor cortada en una cacerola con agua hirviendo 2–3 min, o hasta que esté tierna, y escúrrala. Si emplea arvejas frescas, blanquéelas con la coliflor.

5 Caliente el aceite en una sartén grande y fría las cebollas 3–4 min, revolviéndolas hasta que estén tiernas. Añada las papas, la coliflor, las arvejas, la pasta de *curry*, el cilantro y el jugo de limón y fríalo a fuego lento 2–3 min, revolviendo de vez en cuando. Reserve y deje enfriar.

6 Divida la masa en 8 partes iguales y enróllela hasta formar un círculo de 18 cm. Corte cada círculo por la mitad y dele forma de cono, humedeciendo los bordes para que no se despeguen. Ponga algo del relleno en cada cono, comprímalo un poco y cierre el cono, humedeciendo el borde superior. Repita la operación con el resto de la masa y del relleno.

7 Caliente el aceite en una freidora hasta 180 °C, y fría las *samosas*, en tandas, 3–4 min o hasta que se doren bien por ambos lados. Escúrralas sobre papel de cocina y sírvalas frías o calientes.

Para 4

Prep. 45 min, más reposo y enfriado
• cocinar 35–40 min

Freidora o sartén, llena de aceite hasta la mitad

Congelar en crudo hasta un mes; descongelar y secar con papel de cocina antes de freír

Boreks

Tradicionalmente, estas pastas turcas de queso tienen forma triangular
o cilíndrica

INGREDIENTES

175 g de queso feta desmenuzado
una pizca de nuez moscada
1 cdta. de menta seca
pimienta negra recién molida
8 láminas de pasta filo, 40 x 30 cm
60 g de mantequilla derretida
harina para espolvorear

PREPARACIÓN

1 Precaliente el horno a 180 °C (gas 4). Ponga el queso feta en un bol, añada la nuez moscada
y la menta seca, y condimente al gusto con pimienta negra.

2 Superponga las láminas de pasta filo y córtelas en 3 tiras largas de 10 cm de ancho.

3 Unte las tiras de una en una con mantequilla y añádales 1 cdta. de la mezcla de queso en
un extremo. Enróllelas, doble las puntas hacia dentro antes de llegar a la mitad para recubrir
el relleno por completo, y acábelas de enrollar, cerrando bien los extremos.

4 Espolvoree ligeramente la superficie de trabajo con harina y mantenga los rollos de pasta
apilados y tapados con un paño húmedo mientras prepara el resto.

5 Coloque los rollos alineados en una bandeja engrasada. Unte con el resto de la mantequilla y
hornee unos 10–20 min o hasta que estén crujientes y dorados. Es preferible servirlos calientes
o tibios.

20 unidades

Prep. 25 min
• cocinar 10–12 min

Empanaditas de pasta filo con pollo ahumado y espinacas

Estos paquetitos de pasta son deliciosos fríos o calientes

INGREDIENTES

225 g de espinacas frescas
aceite de oliva
4 cebollas largas bien picadas
115 g de pollo ahumado
85 g de crema agria
1 cda. de estragón picado
60 g de piñones tostados
1 cdta. de mostaza de Dijon
ralladura de 1 limón
pimienta negra recién molida
200 g de pasta filo
60 g de mantequilla derretida
30 g de queso parmesano rallado

PREPARACIÓN

1 Precaliente el horno a 180 °C (gas 4). Lave las espinacas, quíteles los troncos duros y rehóguelas un poco en una cacerola con un chorrito de aceite de oliva. Escúrralas bien y deje enfriar. Mezcle las cebollas, el pollo ahumado, la crema y el estragón en el procesador hasta lograr una textura, no del todo uniforme. Añada los piñones, la mostaza y la ralladura de limón. Condimente al gusto con pimienta negra recién molida.

2 Ponga la pasta filo sobre una superficie limpia. Cubra con un paño de cocina limpio y húmedo para que no se seque. Unte una lámina de pasta con mantequilla, ponga otra encima y repita. Corte una tira de pasta filo de 7,5 cm y ponga 1 cdta. de la mezcla con espinacas más arriba del centro. Coja la punta derecha y dóblela en diagonal hacia la izquierda formando un triángulo sobre el relleno. Doble la tira por el lado del triángulo y repita hasta el final. Unte con mantequilla una vez terminada y espolvoréela con queso parmesano. Ponga en una bandeja.

3 Repita el proceso hasta hacer 12 envoltorios. Hornéelos 20 min, retírelos de la bandeja y déjelos enfriar sobre una bandeja de rejilla.

Para 6

Prep. 25 min
• cocinar 20 min

Procesador

Congelar, antes
de hornear, hasta
un mes

Volovanes de champiñones

Los volovanes son pequeñas tartaletas de hojaldre con muy diversos rellenos

INGREDIENTES

20 champiñones pequeños
4 cdas. de aceite de oliva
2 cdas. de hojas de tomillo limonero picadas
sal y pimienta negra recién molida
2 cdas. de *tapenade* (véase pág. 32)
1 cda. de crema agria
375 g de masa de hojaldre
harina para espolvorear
1 huevo ligeramente batido

PREPARACIÓN

1 Precaliente el horno a 200 °C (gas 6). Ponga los champiñones, el aceite y las hojas de tomillo limonero en un bol, salpimiente y mezcle bien.

2 En otro bol, mezcle la *tapenade* y la crema, y remueva.

3 Extienda la masa sobre una superficie ligeramente enharinada. Recorte 20 círculos con un cortapastas y, con otro más pequeño, abra un pequeño hueco en cada círculo.

4 Traslade los volovanes a una bandeja más grande y rellénelos con la mezcla de *tapenade*. Coloque un champiñón encima.

5 Pinte los bordes de los círculos con huevo y llévelos al horno 15 min o hasta que crezcan y se doren.

20 unidades

**Prep. 20 min
• cocinar 15 min**

**Cortapastas
de 6 y 4,5 cm**

Tartaletas de trucha ahumada

Estas tartaletas son perfectas para una cena ligera o como tentempié

INGREDIENTES
120 ml de crema de leche
1 cdta. de crema de rábano picante
$\frac{1}{2}$ cdta. de jugo de limón
ralladura de $\frac{1}{2}$ limón
1 cdta. de alcaparras, lavadas y picadas
sal y pimienta negra recién molida
4 yemas de huevo batidas
200 g de trucha ahumada
un puñadito de eneldo picado

Para la masa
125 g de harina
75 g de mantequilla fría en dados
sal
1 huevo pequeño

PREPARACIÓN
1 Para hacer la masa, mezcle la harina y la mantequilla con una pizca de sal en un procesador de alimentos hasta que la mezcla tome la apariencia de migas de pan. Añada el huevo y mezcle hasta que se incorpore.

2 Estire la masa y extiéndala en los moldes. Cúbralos con papel sulfurizado y pesos de hornear y déjelos enfriar en el refrigerador 30 min.

3 Precaliente el horno a 200 °C (gas 6). Prehornee las tartaletas 10 min, retire los pesos de hornear y el papel, y hornéelas 5 min más.

4 Mezcle la crema de leche, el rábano picante, el jugo y ralladura de limón y las alcaparras en un bol, y salpimiente al gusto. Añada, revolviendo, las yemas, la trucha y el eneldo.

5 Reparta la mezcla entre las tartaletas y hornéelas de nuevo 10–15 min o hasta que estén listas. Déjelas enfriar 5 min antes de sacar de los moldes y servir.

6 unidades

Prep. 30 min, más enfriado
• cocinar 30 min

Procesador de alimentos • 6 moldes de tartaleta (6 x 10 cm) • pesos de hornear

Congelar hasta un mes

Crostini de berenjena y queso de cabra

Crostini crujientes con deliciosos ingredientes

INGREDIENTES

12 rebanadas de pan
2 cdas. de aceite de oliva
$^1/_2$ diente de ajo
1 berenjena
2 cdas. de menta picada
1 cda. de vinagre balsámico
sal y pimienta negra recién molida
60 g de queso de cabra blando

PREPARACIÓN

1 Precaliente el horno a 180 °C (gas 4). Unte el pan por ambos lados con aceite de oliva y tuéstelo 10 min, dándole la vuelta una vez, o hasta que esté crujiente. Corte el ajo por la mitad y unte las rebanadas.

2 Precaliente la parrilla. Corte la berenjena en rodajas de 5 mm de grosor, unte cada lado con aceite de oliva y áselos bajo la parrilla por ambos lados, hasta que estén listos.

3 Corte por la mitad o en cuartos las rodajas de berenjena, y ponga en un bol. Luego añada el aceite de oliva restante, la menta y el vinagre balsámico. Revuelva y salpimiente.

4 Unte los *crostini* con el queso de cabra y añada encima la berenjena.

12 unidades

Prep. 10 min
• cocinar 20 min

Tartaletas de queso de cabra

Estas tartaletas versátiles y crujientes admiten todo tipo de rellenos, como esta deliciosa combinación de queso de cabra, menta y tomate asado

INGREDIENTES

6 tomates *cherry*
aceite de oliva
sal y pimienta negra recién molida
85 g de queso de cabra cremoso
6–12 hojas de menta

Para las tartaletas

4 rebanadas de pan blanco o integral
1 cda. de mantequilla fundida o de aceite de oliva

PREPARACIÓN

1 Precaliente el horno a 180 °C (gas 4). Quite la corteza del pan, aplane las rebanadas con un rodillo y úntelas con mantequilla o aceite.

2 Con el cortapastas saque 3 piezas de cada rebanada de pan. Meta el pan en los moldes con el lado untado hacia abajo y hornéelo 12–14 min o hasta que esté dorado y crujiente. Retire las tartaletas de los moldes y déjelas enfriar.

3 Corte por la mitad los tomates *cherry*. Rocíelos con aceite, salpimiente al gusto y áselos en una bandeja de horno 25 min. Retírelos del horno y déjelos enfriar.

4 Ponga 1 cdta. de queso de cabra en cada tartaleta. Añada medio tomate y adorne con hojas de menta. Una vez rellenas las tartaletas, sírvalas antes de 1 h.

12 unidades

Prep. 10 min, más enfriado • cocinar 40 min

Cortapastas de 5 cm • 12 moldes pequeños para magdalenas

Tartaletas de salmón ahumado

El rábano da un sabor más fuerte al relleno, suave y cremoso

INGREDIENTES

120 ml de crema agria
1 cda. de crema de rábano picante
pimienta negra recién molida
12 tartaletas de pan (véase p. 72)
60 g de salmón ahumado en láminas
25 g de caviar de lumpo rojo
25 g de caviar de lumpo negro
una ramita de perifollo* para servir (opcional)

PREPARACIÓN

1 Mezcle la crema con el rábano picante. Sazone al gusto con pimienta y déjela enfriar en el refrigerador 30 min.

2 Rellene cada tartaleta con una cucharadita de la mezcla de crema y rábano, añada un poco de salmón ahumado y una pequeña cantidad de caviar encima. Adorne con perifollo y sirva antes de 1 h.

---

* Use perejil liso como alternativa al perifollo.

12 unidades

Prep. 10 min, más enfriado

Tartaletas de pollo

El estragón y el pollo son una combinación habitual

INGREDIENTES

1 pechuga de pollo sin piel ni huesos, cocida
2 cdas. de mayonesa
1 cdta. de estragón picado, más 12 hojas para decorar
1 cdta. de mostaza en grano
1 cdta. de jugo de limón
sal y pimienta negra recién molida
12 tartaletas de pan (véase p. 72)

PREPARACIÓN

1 Desmenuce el pollo y resérvelo.

2 En un bol, mezcle la mayonesa, el estragón, la mostaza y el jugo de limón, y salpimiente al gusto. Añada el pollo y revuelva hasta que los ingredientes queden bien mezclados.

3 Reparta la mezcla entre las tartaletas y decórelas con una hoja de estragón. Una vez rellenas, sírvalas antes de 1 h.

12 unidades

Prep. 15 min

Almendras tostadas saladas

Las almendras tostadas se sirven como tapa

INGREDIENTES

500 g de almendras enteras crudas
2 cdas. de sal marina gruesa
2 cdtas. de páprika

PREPARACIÓN

1 Precaliente el horno a 220 °C (gas 7).

2 Esparza las almendras sobre una lata de horno y rocíelas con agua. El agua se evaporará, pero la sal y las especias se pegarán a las almendras. Espolvoree las almendras con la sal y el páprika, revolviendo para asegurarse de que quedan bien cubiertas. Vuelva a esparcirlas de manera uniforme.

3 Tueste las almendras 15–25 min, según lo tostadas que le gusten, pero procure que no se quemen.

Para 8

**Prep. 5 min
• cocinar
15–25 min**

Alitas de pollo

De influencia árabe, estas alitas ligeramente chamuscadas se sirven con una rica salsa de queso azul

INGREDIENTES

2 cdas. de aceite de oliva
1 cebolla chalote bien picada
1 diente de ajo picado
2 cdas. de puré de tomate
1 cda. de orégano seco
unas gotas de tabasco
2 cdtas. de azúcar morena
sal y pimienta negra recién molida
12 alitas de pollo sin puntas

Para la salsa de queso azul

150 ml de crema agria
75 g de queso azul, roquefort o similar, desmenuzado
jugo de ¹/₂ limón
2 cdas. de cebollín picado

PREPARACIÓN

1 Ponga el aceite de oliva, la cebolla, el ajo, el puré de tomate, el orégano, el tabasco y el azúcar en una licuadora. Salpimiente y bata hasta obtener una masa suave. Vierta la mezcla en una bolsa grande para congelados y añada las alitas. Agite la bolsa para que la marinada recubra bien toda la carne. Ponga en el refrigerador al menos 30 min.

2 Precaliente el horno a 180 °C (gas 4). Saque las alitas de pollo de la bolsa y dispóngalas, con la piel hacia abajo, en dos bandejas de horno un poco engrasadas con aceite. Métalas en el horno durante 10 min. Deles la vuelta y continúe otros 15 min o hasta que estén bien cocidas.

3 Mientras, mezcle todos los ingredientes de la salsa con el queso azul. Sirva las alitas de pollo calientes, acompañadas de la salsa.

Para 4

Prep. 20 min, más marinado • cocinar 25 min

Licuadora • bolsa de plástico para congelar

Pollo satay

La versión auténtica se prepara con salsa de soya indonesia *(kecap manis)*, pero se puede sustituir por salsa de soya china o japonesa

INGREDIENTES

3 pechugas de pollo sin piel ni huesos
$\frac{1}{2}$ cdta. de sal
2 cm de jengibre fresco, pelado y rallado
2 dientes de ajo picados
$\frac{1}{2}$ cdta. de comino molido
2 cdtas. de cilantro molido
1 cdta. de puré de hierba de limón
4 cdtas. de azúcar morena
2 cdas. de salsa de soya
jugo de $\frac{1}{2}$ lima
aceite vegetal
gajos de lima para decorar

Para la salsa satay

250 g de mantequilla de maní
2 dientes de ajo picados
30 g de coco prensado, troceado
1 cda. de salsa de soya
1 cda. de azúcar morena
1 cm de jugo de limón
pimienta de Cayena
sal y pimienta negra recién molida

PREPARACIÓN

1 Corte el pollo en tiras finas, siguiendo la dirección natural de la carne. Repártalas en un plato plano no metálico.

2 En un bol mezcle la sal, el jengibre, el ajo, el comino, el cilantro, el puré de hierba de limón, la salsa de soya, el jugo de lima y 2 cdtas. de aceite vegetal. Vierta la mezcla sobre las tiras de pollo y gire la carne hasta que queden bien cubiertas. Tape el plato con plástico adherente y guárdelo en el refrigerador para que marine durante la noche.

3 Para preparar la salsa *satay*, ponga mantequilla de maní con medio ajo en una cacerola pequeña a fuego lento 2 min. Añada 175 ml de agua, el coco, la salsa de soya, el azúcar y el jengibre, y cocine 2 min, revolviendo hasta que quede suave.

4 Añada el jugo de limón y el ajo restante, y sazone al gusto con sal y pimienta de Cayena. Tape la salsa con plástico adherente y déjela enfriar.

5 Retire el pollo del plato y ensártelo en los pinchos. Recaliente la salsa *satay* en una cacerola, a fuego lento, revolviendo a menudo para evitar los grumos.

6 Pinte el pollo con aceite y áselo 5 min, a la parrilla o en barbacoa, dándole la vuelta una vez o hasta que esté bien hecho. Adorne con trozos de lima y sírvalo caliente con la salsa *satay*.

Para 6

Prep. 20 min, más marinado • cocinar 5 min

Sumerja los pinchos de madera en agua fría durante 30 min para evitar que se quemen en la parrilla

Pinchos de madera

Falafel

Para un sabor óptimo, utilice garbanzos secos

INGREDIENTES

225 g de garbanzos en remojo
1 cda. de *tahini* (pasta de ajonjolí)
1 diente de ajo picado
1 cdta. de sal
1 cdta. de comino molido
1 cdta. de cúrcuma
1 cdta. de cilantro molido
$\frac{1}{2}$ cdta. de pimienta de Cayena
2 cdas. de perejil bien picado
jugo de 1 limón pequeño
aceite vegetal para freír

PREPARACIÓN

1 Deje los garbanzos en agua fría toda la noche. Escúrralos y tritúrelos en un procesador de alimentos con el resto de los ingredientes sin hacer un puré.

2 Pase la mezcla a un bol y déjela reposar al menos 30 min (y no más de 8 h), tapada en el refrigerador.

3 Humedézcase las manos y haga 12 bolas o croquetas con la masa.

4 Caliente una sartén honda o un *wok* con bastante aceite y fría las croquetas durante 3–4 min hasta que se doren un poco. Escúrralas sobre papel de cocina y sírvalas de inmediato.

12 unidades

**Prep. 25 min,
más remojo
y reposo
• cocinar 15 min**

**Deje los
garbanzos
en agua fría
toda la noche**

**Procesador
de alimentos**

Raviolis chinos

El wantán es una comida sana e ideal para guardar en el congelador

INGREDIENTES

175 g de cerdo picado
2 cebollas largas bien picadas
115 g de hongos *shiitake* bien picados
1 cm de jengibre fresco, pelado y rallado
½ cdta. de aceite de ajonjolí
1 cda. de hojas de cilantro picadas
1 cda. de salsa de soya
pimienta negra recién molida
20 láminas de pasta de wantán
1 huevo batido
lechuga o repollo chino para cocer al vapor

PREPARACIÓN

1 En un bol, mezcle el cerdo, la cebolla, los hongos, el jengibre, el aceite de ajonjolí, el cilantro y la salsa de soya. Sazone con pimienta negra.

2 Coloque las láminas de pasta en una superficie limpia y rellénelas con la mezcla. Humedezca los bordes ligeramente con huevo, dóblelas por la mitad y péguelas, dándoles forma rizada.

3 Cubra la cuarta parte de una cacerola con agua y llévela a ebullición. Cubra el fondo de la vaporera con lechuga y ponga encima los wantán. Deposite la vaporera sobre la cacerola, encima de la rejilla para que no toque el agua, tápela y cocine los wantán al vapor 10 min o hasta que estén hechos. Sírvalos inmediatamente.

20 unidades

Prep. 20 min • cocinar 10 min

Vaporera, mejor de bambú, y una rejilla

Congelar hasta un mes (antes de cocinarlos)

Diablos a caballo

Estos bocaditos pueden servirse como canapés antes de la cena

INGREDIENTES

1 cdta. de mostaza inglesa
una pizca de pimienta de Cayena
3 cdas. de *chutney* de mango
sal y pimienta negra recién molida
16 ciruelas pasas sin hueso
8 lonjas de tocineta
4 rebanadas de pan de molde
mantequilla para untar

PREPARACIÓN

1 Precaliente el horno a 220 °C (gas 7). Mezcle la mostaza inglesa, la pimienta de Cayena y el *chutney* de mango en un bol. Salpimiente al gusto.

2 Haga un pequeño corte en cada ciruela y rellénela con una pizca de la mezcla de *chutney*. Corte las lonjas de tocineta a lo ancho por la mitad y enrolle. Ensártelas con un palillo.

3 Ponga los pinchos en una fuente engrasada y hornéelos 10–12 min, dándoles la vuelta cuando haya pasado la mitad del tiempo. Siga hasta que la tocineta esté crujiente.

4 Tueste el pan, quite la corteza y, con un cortapastas, corte cada rebanada en 4 círculos pequeños. Unte de mantequilla los canapés y decore con el pincho de ciruela y tocineta. Espolvoree un poco de pimienta de Cayena por encima y sirva enseguida.

16 unidades

Prep. 15 min
• cocinar 12 min

Palillos
de coctel

Rollos de salmón ahumado

Fáciles de hacer, se pueden servir como aperitivo o como primer plato acompañados de una ensalada

INGREDIENTES

350 g de salmón ahumado en lonjas
1 pepino
100 g de queso crema
1 cdta. de eneldo picado
2 cdas. de mayonesa al limón
1 cdta. de crema de rábano picante
gajos de limón para servir

PREPARACIÓN

1 Corte las lonjas de salmón en 16 tiras de 10 x 5 cm y el pepino en bastones de 4 cm de largo y 5 mm de ancho. Resérvelos.

2 Ponga el queso crema en un bol y añada, sin dejar de revolver, el eneldo, la mayonesa y la crema de rábano picante hasta obtener una mezcla uniforme.

3 Extienda las tiras de salmón ahumado sobre una tabla y úntelas con la mezcla de queso, dejando unos 2,5 cm sin untar en uno de los extremos. Coloque después un bastón de pepino perpendicular a la tira y envuélvalo bien, enrollando desde el lado donde el queso llega hasta la punta.

4 Sirva los rollos en una fuente, adornados con las gajos de limón y las ramitas de eneldo.

16 unidades

Prep. 30 min

90

Rollos de salchicha

Estos bocaditos son perfectos para fiestas

INGREDIENTES

400 g de masa de hojaldre
675 g de salchichas
1 cebolla blanca pequeña bien picada
1 cda. de tomillo fresco picado
1 cda. de ralladura de limón
1 cdta. de mostaza de Dijon
1 yema de huevo
sal y pimienta negra recién molida
1 huevo batido para glasear

PREPARACIÓN

1 Precalentar el horno a 200 °C (gas 6). Forre una lata de hornear con papel para horno y enfríela en el refrigerador.

2 Corte el hojaldre en dos, a lo largo. Extienda ambas láminas formando un rectángulo de 30 x 15 cm, y refrigérelas tapadas con plástico adherente.

3 Entre tanto, mezcle la carne de las salchichas con la cebolla, el tomillo, la ralladura de limón, la mostaza y la yema de huevo, y salpimiente al gusto.

4 Estire el hojaldre sobre una superficie enharinada. Pinte el interior del hojaldre con huevo batido. Forme 2 rollos finos con la mezcla de carne y coloque uno en cada lámina. Enrolle la lámina con la mezcla en el interior y selle los bordes. Corte cada rollo de hojaldre relleno en 12 trozos.

5 Coloque los rollos rellenos en la lata enfriada, hágales dos cortes en la parte de arriba con unas tijeras y píntelos con el huevo batido. Hornéelos 10–12 min o hasta que el hojaldre esté dorado. Sírvalos calientes o páselos a una rejilla para que se enfríen del todo antes de servir.

24 unidades

**Prep. 30 min,
más enfriado
• cocinar 10–12 min**

**Congelar, sin
cocinar, hasta
tres meses**

GLOSARIO
TÉRMINOS Y EQUIVALENCIAS

Aguacate: palta, pagua.

Ají: chile.

Ajonjolí: sésamo.

Arveja: alverja, chícharo, guisante.

Calabaza: ahuyama, zapallo.

Cebolla blanca: cebolla dulce, cebolla cabezona.

Cebolla chalote: escalonia, cebolla ocañera, chalota.

Cebolla larga: cebolleta, cebolla puerro, cebolla verde, cebolla de verdeo.

Chutney: conserva agridulce que se usa para acompañar carnes y aves.

Crema agria: *sour cream*. Cuando no se consigue fácilmente a nivel local, puede prepararse mezclando una cucharada de jugo de limón con 200 g de crema de leche.

Crudités: aperitivos o primeros platos, tradicionales de la gastronomía francesa, compuestos por vegetales o frutas crudos aderezados con vinagreta u otras salsas.

Maní: cacahuate.

Papel sulfurizado: papel de horno, papel vegetal.

Parrilla: parrillas eléctricas o que se ponen sobre el fogón para dorar o marcar los alimentos.

Rebozar: técnica que consiste en cubrir un alimento con harina y huevo batido antes de freír.

Repollo: col, berza.

Tocineta: panceta, tocino.

Tomate: jitomate.

Yogur griego: yogur espeso y de alto contenido de grasa.

ÍNDICE

DK

Londres, Nueva York, Melbourne,
Munich y Nueva Delhi

Diseño Elma Aquino

Auxiliar de edición Shashwati Tia Sarkar

Diseño de cubierta Nicola Powling

Producción Jennifer Murray

Índice analítico Marie Lorimer

DK INDIA

Consultoría editorial Dipali Singh

Diseño Neha Ahuja

Diseño de maqueta Tarun Sharma

Coordinación de maquetación Sunil Sharma

Coordinación de publicaciones Aparna Sharma

Material publicado originalmente en Reino Unido
en *The Cooking Book* (2008) y en *Cook Express* (2009)
por Dorling Kindersley Limited
80 Strand, Londres WC2R 0RL

Copyright © 2008, 2009 Dorling Kindersley
© Traducción en español Dorling Kindersley 2011

ISBN: 978-0-1424-2486-5

Impreso y encuadernado en South China Printing Co. Ltd, China

Descubre más en
www.dk-es.com